MINISTÈRE DE LA GUERRE

RÈGLEMENT

SUR LE SERVICE

DES GARDIENS DE BATTERIE

DANS

LES OUVRAGES DE FORTIFICATION

DE TERRE ET DE CÔTE

APPROUVÉ PAR LE MINISTRE DE LA GUERRE

LE 8 MAI 1912

PARIS

IMPRIMERIE NATIONALE

1914

MINISTÈRE DE LA GUERRE

RÈGLEMENT

SUR LE SERVICE

DES GARDIENS DE BATTERIE

DANS

LES OUVRAGES DE FORTIFICATION

DE TERRE ET DE CÔTE

APPROUVÉ PAR LE MINISTRE DE LA GUERRE
LE 8 MAI 1912

PARIS

IMPRIMERIE NATIONALE

1914

Le présent Règlement annule et remplace le Règlement du 21 juillet 1897 sur le service des gardiens de batterie dans les ouvrages de fortification de terre et de côte.

TABLE DES MATIÈRES.

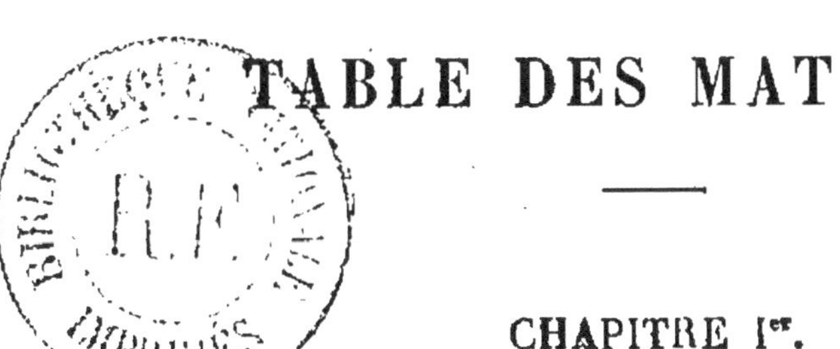

ANNEXES.

—

ANNEXE N° 1.

ANNEXE N° II.

ANNEXE N° III.

RÈGLEMENT

SUR

LE SERVICE DES GARDIENS DE BATTERIE

DANS LES OUVRAGES DE FORTIFICATION

DE TERRE ET DE CÔTE.

CHAPITRE PREMIER.

Nature du service des gardiens de batterie. — Agents qui concourent à ce service.

ARTICLE PREMIER.

Le service ordinaire des gardiens de batterie dans les ouvrages de fortification de terre et de côte comprend la garde du matériel et le service habituel de l'artillerie.

ART. 2.

Outre leur service ordinaire, les gardiens de batterie peuvent être chargés de remplir les fonctions des agents du génie dans les ouvrages d'importance secondaire pour lesquels le Ministre aurait décidé que les deux services de l'artillerie et du génie n'auraient qu'un même représentant.

Conformément à la loi du 21 mai 1858, les

gardiens de batterie sont, comme les officiers d'administration des services de l'artillerie et du génie, chargés de constater les contraventions aux lois sur le domaine militaire de l'État et sur les servitudes militaires.

ART. 3.

Les fonctions des gardiens de batterie peuvent être remplies par les gardiens de batterie auxiliaires, et dans les ouvrages secondaires désignés par le Ministre, par les agents du génie (adjudants d'administration ou caserniers), lorsque les ressources du personnel de l'artillerie sont insuffisantes.

Dans ce cas, les agents du génie se conforment, pour l'exécution du service de l'artillerie, aux prescriptions du chapitre II du présent règlement.

ART. 4.

Les commandants des parcs d'artillerie et les directeurs du génie sont informés des nominations et mutations [1] des gardiens de batterie ou agents en faisant fonctions, et des décisions par lesquelles les gardiens de batterie et, accidentellement, les agents du génie seraient chargés à la fois du double service de l'artillerie et du génie dans les forts secondaires.

---

(1) Les mutations des gardiens de batterie titulaires ou auxiliaires entre les ouvrages d'un même parc d'artillerie sont prononcées par les généraux commandant les corps d'armée.

CHAPITRE II.
Service de l'artillerie.

ART. 5.

Les gardiens de batterie reçoivent, en pre-nant leur service, les instructions des com-mandants des parcs ou des parcs annexes d'ar-tillerie. Leurs relations avec ces officiers sont entretenues, autant que possible, par des rap-ports réguliers et des états déterminés.

En dehors des rapports ou états à fournir, ils devront informer sans retard les comman-dants des parcs ou des parcs annexes d'artillerie de tous les faits qui pourraient intéresser l'en-tretien et la conservation des objets du matériel et des immeubles confiés à leur garde.

ART. 6.

Il est expressément défendu aux gardiens de batterie de tenir cantine ou de se livrer à tout autre commerce dans les bâtiments militaires ou autres.

Il leur est également interdit de cultiver ou prendre à ferme pour leur compte une partie quelconque des terrains des fortifications sans en avoir obtenu préalablement l'autorisation.

ART. 7.

Les gradiens de batterie tiennent, pour le matériel dont ils ont la garde et sous la sur-

veillance des officiers comptables, les écritures
définies par l'instruction ministérielle du 31 mai
1891 [1] sur les écritures concernant les mouvements intérieurs dans les places comptables
et la tenue des magasins.

ART. 8.

Les gardiens de batterie sont responsables
vis-à-vis de l'officier comptable de tous les objets
commis à leur garde et portés sur les inventaires.

ART. 9.

Les gardiens de batterie sont dépositaires des
clefs des magasins renfermant les objets d'artillerie confiés à leurs soins et dont ils sont responsables dans les conditions prévues à l'article 8.

ART. 10.

Ces agents doivent avoir dans leur bureau :

1° (a) Un tableau récapitulatif des magasins
et locaux dépendant, à quelque titre que ce
soit, du service de l'artillerie, avec leurs déno-
minations exactes, la désignation exacte de leur
genre d'affectation (achetés ou construits par
le service de l'artillerie, remis à titre définitif
ou à titre de concession temporaire de jouis-
sance, mis provisoirement à la disposition du
service de l'artillerie, etc.), et l'indication som-
maire de l'espèce de matériel qu'ils ren-
ferment;

---

(1) B. O., E. M., vol. 17.

(*b*) Un état de tous les objets (armements, assortiments, etc.) afférents au service des bouches à feu de chacun des modèles entrant dans l'ouvrage.

Ce tableau et cet état sont visés par le commandant du parc ou du parc annexe d'artillerie et affichés d'une manière apparente;

2° Au-dessous et rangées par magasin, dans l'ordre du tableau, toutes les clefs portant chacune l'indication exacte du magasin et de la porte qu'elles doivent ouvrir, de telle sorte qu'en cas d'absence du gardien de batterie, son remplaçant puisse toujours trouver la clef d'un magasin. Ces clefs sont placées dans un clavier numéroté, sous une porte treillagée fermant à clef;

3° Des archives, dont la composition est indiquée à l'annexe n° I du présent règlement;

4° Les instruments délicats, tels que jumelles, longues-vues, etc.;

5° Les appareils télégraphiques et téléphoniques qui ne font pas partie d'une installation fixe dans d'autres locaux;

6° Un inventaire des objets mobiliers qui se trouvent dans ce bureau.

ART. 11.

Les objets du matériel du service de l'artillerie existant dans les magasins doivent être disposés dans l'ordre nécessaire pour leur service et leur conservation; ils sont classés et étiquetés par nature et espèce, ainsi que par état de service (réserve de guerre, service courant).

Aucune précaution ne doit être négligée pour la sûreté et le bon entretien des locaux et des objets qui y sont contenus.

ART. 12.

Les gardiens de batterie ne font aucune consommation, ni aucun mouvement de matériel, sans un ordre écrit du commandant du parc ou du parc annexe d'artillerie.

Tout officier adjoint a qualité, en cas d'urgence, pour ordonner ces mouvements intérieurs; il rend compte immédiatement au commandant du parc ou du parc annexe d'artillerie.

Lorsque ces agents délivreront, sur l'ordre du commandant du parc ou du parc annexe d'artillerie, les objets nécessaires pour les travaux ou pour l'instruction des détachements envoyés dans les ouvrages pour le service de l'artillerie, et si ces détachements ne sont pas placés sous leurs ordres, ils se feront délivrer par les commandants de ces derniers un reçu indiquant le nombre et l'espèce des objets remis, ainsi que l'état dans lequel ils se trouvent. Dans le cas contraire, ils resteront responsables des objets délivrés.

ART. 13.

Les matières nécessaires pour l'entretien et la manutention du matériel sont délivrées une fois par mois aux gardes-magasins sur la production de bons [1]. Ces matières ne figurent pas sur les registres inventaires de ces employés.

----

[1] Carnet à souche M^{le} n° 31 de l'instruction du 30 décembre 1902.

ART. 14.

Conformément à l'article 5, les gardiens de batterie rendent compte, dans le plus bref délai, au commandant du parc ou du parc annexe d'artillerie, des dégradations survenues au matériel, aux plates-formes, aux revêtements et, en général, aux locaux et autres immeubles. En cas d'urgence, ils prennent les mesures nécessaires pour remédier aux accidents ou en éviter l'aggravation et provoquent, s'il y a lieu, auprès de qui de droit, comme il convient, le concours de la garnison de l'ouvrage.

Ils portent surtout leur attention sur la conservation des mécanismes de culasse et des systèmes de pointage et doivent toujours être approvisionnés des outils et ingrédients nécessaires pour les maintenir en bon état, conformément aux instructions relatives à l'entretien du matériel.

Ils font jouer tous les jours les appareils télégraphiques et téléphoniques, pour s'assurer qu'ils fonctionnent bien et que les communications ne sont pas interrompues; ils font manœuvrer, dans les conditions indiquées par les consignes en vigueur, la pompe à incendie, à l'aide d'auxiliaires pris dans la garnison de l'ouvrage.

ART. 15.

Les gardiens de batterie assurent la surveillance des magasins renfermant des poudres, munitions, artifices et explosifs, d'après les instructions qui leur sont données à ce sujet par le service des munitions organisé dans l'établissement d'artillerie dont dépendent ces magasins.

ART. 16.

Ils peuvent, sous la direction des officiers, être employés à la surveillance de travaux que le service de l'artillerie fait exécuter dans les ouvrages confiés à leur garde, réparations ou constructions de revêtements, plates-formes, etc.

ART. 17.

Les gardiens de batterie doivent prendre une connaissance exacte des localités environnantes, ainsi que de tous les accidents de terrain et de culture des environs de l'ouvrage.

Dans une batterie de côte, ils doivent savoir à quelle distance sont situés les points, remarquables en mer, à l'aide desquels on peut juger la position des navires, les passes qui permettent aux bâtiments de s'approcher de la batterie, les points d'embossage d'où ces bâtiments peuvent agir contre elle, les mouillages propres à faciliter les débarquements. Ils doivent connaître les positions des repères fixes et des repères de flottaison.

Pour les autres ouvrages, ils doivent savoir lire une carte et déterminer à quelle distance et à quelle altitude sont situés les points remarquables des environs à l'aide desquels on peut juger la position de l'ennemi. Ils doivent connaître les routes qui permettent d'approcher de l'ouvrage ou de passer inaperçu sous le feu de la garnison, ainsi que la position des parties du terrain qui échappent aux vues et où l'ennemi peut venir s'installer. Ils doivent aussi connaître la position des postes d'observation des environs du fort, ainsi que celle des batteries et ouvrages annexes dont la construction est prévue en cas de guerre.

Ils doivent être en état de se servir des planchettes de tir.

Ces planchettes sont entretenues avec grand soin et placées dans le bureau du gardien de batterie, autant que possible dans une armoire fermée.

ART. 18.

Lorsqu'un gardien de batterie quitte son service, les existants sont constatés sur le registre inventaire en présence de l'officier d'administration comptable. En cas d'absence de ce dernier, la remise et la reprise d'inventaire sont constatées par un procès-verbal d'inventaire modèle n° 8, qui est conservé dans les archives de l'établissement.

Le nouveau gardien de batterie reçoit alors les clefs et devient responsable.

Toute différence constatée entre l'existant réel et les quantités portées sur l'inventaire sera mentionnée. Si les causes de ces différences sont imputables à l'agent sortant de fonctions, le commandant du parc d'artillerie proposera au Ministre telles mesures qu'il jugera convenables.

ART. 19.

En cas de décès ou de disparition d'un gardien de batterie, le commandant du parc ou du parc annexe d'artillerie fait arrêter les registres et procéder immédiatement à la vérification de l'inventaire.

Après cette opération, il confie provisoirement la surveillance du matériel à un autre gardien de batterie.

ART. 20.

Il ne sera tiré des ouvrages aucun coup de canon ni de mortier, soit pour flamber les pièces, soit pour les épreuves et les saluts, soit pour toute autre cause, sans un ordre écrit qui sera représenté avec l'état des consommations.

Toutefois, le commandant du parc d'artillerie prendra les ordres de l'autorité militaire à l'effet de savoir s'il y a lieu, dans les batteries de côte, de délivrer au gardien de batterie un ordre permanent qui autorise à tirer le canon à poudre pour faire des signaux de détresse toutes les fois qu'un navire quelconque fait côte ou naufrage.

CHAPITRE III.

Discipline et commandement.

ART. 21.

Les gardiens de batterie, quelle que soit leur classe, ont rang d'adjudant. Ils sont soumis aux lois et règlements qui régissent l'armée active et aux dispositions du décret du 5 février 1910.

ART. 22.

Lorsqu'un détachement est envoyé dans un ouvrage où il n'existe pas d'autorité supérieure au gardien de batterie [1], ce détachement, s'il n'est pas commandé par un officier ou par un adjudant, est, pour ce qui est police et discipline, sous les ordres de cet employé.

Le détachement reste sous les ordres de son chef pour tout ce qui est administration intérieure.

Les agents n'appartenant pas à l'armée [2] ne peuvent intervenir dans la police et la discipline des détachemeuts. Ils doivent toutefois, conformément à l'article 15, surveiller les travaux d'entretien ou autres que le service de l'artillerie fait exécuter dans les ouvrages où ils sont employés.

ART. 23.

Les gardiens de batterie peuvent être chargés de diriger et d'instruire les auxiliaires d'artillerie ou d'infanterie dans les places ou ouvrages où il n'y a pas de garnison d'artillerie.

---

(1) Ou à l'adjudant d'administration du génie.
(2) Gardiens de batterie auxiliaires et caserniers du génie.

CHAPITRE IV.

Instruction des gardiens de batterie.

ART. 24.

Lors de la nomination d'un gardien de batterie, il y a lieu de s'assurer qu'il connaît le maniement des appareils télégraphiques et téléphoniques; son instruction sera confirmée, si cela est nécessaire, pendant un stage de quelques jours qu'il fera, soit au siège du parc ou du parc annexe d'artillerie, soit dans un autre poste, soit dans un bureau civil, après entente avec le Directeur des postes et télégraphes[1].

Cette instruction sera entretenue par les exercices journaliers prescrits à l'article 14 du présent règlement.

ART. 25 [2].

Les gardiens de batterie à la garde desquels sont confiés des canons sous tourelle, sous casemate ou sur affût-truc, reçoivent une instruction détaillée sur ces engins et leur entretien. Cette instruction est donnée, sous la

---

[1] Lettre collective n° 7-3, du Ministre de la Guerre, en date du 12 août 1885.

[2] Instruction du 22 septembre 1911 concernant les mesures à prendre dans les places pour l'entretien et la réparation des tourelles, casemates et affûts-trucs.

direction du capitaine chargé du service des tourelles, par le chef de l'équipe de réparations.

Les gardiens de batterie à instruire sont réunis, soit dans le corps de la place, soit dans un ouvrage, soit successivement dans plusieurs ouvrages de la place. Chacun d'eux n'assiste qu'aux séances concernant les engins qu'il peut avoir à entretenir. Ceux qui ont déjà suivi les instructions ne sont pas désignés pour les suivre une autre fois, à moins qu'il ne soit nécessaire de compléter leurs connaissances par suite de changements d'affectation, de constructions nouvelles et de modifications apportées au matériel.

ART. 26.

Un cours pratique d'instruction d'une durée de 15 jours est organisé tous les ans dans une place de chaque parc d'artillerie côtier.

Tous les gardiens de batterie nommés dans un ouvrage de côte doivent assister à ce cours dans la première année qui suit leur nomination.

Après l'avoir suivi une fois, les gardiens de batterie de côte n'y seront plus convoqués que sur la proposition du commandant du parc d'artillerie et sur la désignation du général commandant le corps d'armée.

Le cours d'instruction est dirigé, conformément au programme donné à l'annexe n° II, par un capitaine désigné par le commandant du parc d'artillerie, et ayant reçu, autant que possible, l'instruction sur la visite des bouches à feu. Ce capitaine est assisté, en principe, d'un officier d'administration chef artificier, d'un officier d'administration chef ouvrier, et du personnel qui sera jugé nécessaire.

Le cours est fait sur le terrain, et a un caractère essentiellement pratique; les démontages et remontages de divers organes, les mouvements de matériel, les nettoyages, les transports de munitions se font, autant que possible, réellement; les gardiens de batterie convoqués y participent effectivement.

ART. 27.

Les gardiens de batterie affectés à une batterie de côte où l'on n'exécute pas d'écoles à feu sont convoqués tous les deux ans pendant six jours environ aux tirs à la mer.

Un officier est désigné pour leur donner les explications dont ils ont besoin. Leur attention est particulièrement appelée sur le service des munitions; ils sont mis en état de remplir les fonctions de chef de pièce ainsi que celles d'instructeur prévues à l'article 23.

<h2 style="text-align:center">CHAPITRE V.</h2>

Service des gardiens de batterie faisant fonctions d'agents du génie.

ART. 28.

Lorsque les gardiens de batterie seront désignés pour remplir les fonctions des agents du génie dans les ouvrages de fortification d'importance secondaire, ils seront chargés :

1° De la garde et de la conservation des bâtiments militaires et des objets d'ameublement qu'ils contiennent;

2° De la garde des fortifications et du matériel de défense du génie.

ART. 29.

Pour toute cette partie de leur service, les gardiēns de batterie reçoivent du Chef du génie les instructions nécessaires en prenant leurs fonctions.

Ils auront à se conformer, en ce qui concerne les bâtiments militaires, aux dispositions des différents articles 8 à 16 du règlement du 20 décembre 1861, sur le service des agents préposés à la garde et à la conservation des bâtiments militaires [1], et, en ce qui concerne les fortifications et le matériel de défense, aux dispositions des articles 30 à 33 ci-après.

ART. 30.

Le Chef du génie fait dresser en double expédition, pour chaque ouvrage confié à la surveillance d'un gardien de batterie, des listes de recensement (Modèle n° 46 de l'instruction du 30 décembre 1902) des objets concernant le matériel du génie, afin d'en constater le nombre, l'espèce et la situation.

---

(1) Voir l'annexe n° IV.

Une expédition de ces listes demeure entre les mains du gardien de batterie et l'autre est remise à l'officier d'administration comptable en matières de la place du génie dont dépend l'ouvrage.

Les prescriptions formulées pour le service de l'artillerie, dans les articles 8, 17 et 18 du présent règlement, doivent être appliquées, en ce qui concerne le service du génie, par les gardiens de batterie faisant fonctions d'agents du génie.

ART. 31.

Un inventaire particulier, relatif à chaque local et aux objets mobiliers ou autres qu'il renferme, est affiché sur une planchette à l'entrée de ce local; il ne peut être apporté aucun changement dans la situation ou la répartition de ces objets sans un ordre du Chef du génie.

ART. 32.

Lorsque des détachements viendront occuper un ouvrage, le gardien de batterie faisant fonctions d'agent du génie établira, de concert avec le chef du détachement, un état des lieux et de tous les objets qui en dépendent. Il signera cet état avec le chef du détachement.

Au départ de la troupe, il sera dressé, dans les mêmes conditions, conformément aux lois et règlements concernant la conservation des établissements militaires, un nouveau procès-verbal pour constater les dégradations et servir au payement des dépenses ou réparations.

Les procès-verbaux seront adressés au chef du génie et au commandant du parc ou du parc annexe d'artillerie chargés de poursuivre, chacun en ce qui le concerne, le payement de tous les dégâts.

En cas de difficulté, il sera rendu compte au Ministre par la voie hiérarchique.

ART. 33.

Les gardiens de batterie faisant fonctions d'agents du génie peuvent être chargés de surveiller, sous la direction des officiers ou des officiers d'administration du service du génie, les travaux d'entretien ou autres que le service du génie fait exécuter dans les ouvrages confiés à leur garde.

Ils en inscrivent, jour par jour, les attachements sur les carnets paraphés qui leur sont remis pour cet objet.

CHAPITRE VI.

Surveillance du domaine militaire de l'État et des zones de servitudes militaires.

ART. 34.

Les dispositions de la loi du 21 mai 1858, relative à l'assermentation des gardiens de batterie, seront appliquées conformément aux prescriptious de la loi du 10 juillet 1851 et du décret du 10 août 1853 sur les servitudes militaires.

Les gardiens de batterie sont dûment assermentés, et leurs procès-verbaux font foi jusqu'à inscription de faux [1].

---

(1) Pour les attributions des gardiens de batterie en ce qui concerne la recherche et la constatation des délits et des contraventions, et pour la prestation du serment de ces employés. voir B. O. E. M., vol. 20.

ANNEXE N° I.

___

I. — Composition des archives des gardiens de batterie dans les ouvrages de fortification de terre.

___

Notes relatives aux archives des gardiens de batterie.

* Ce signe indique les documents à mettre sous clé.

a Cette lettre indique les documents fournis aux parcs par l'Administration centrale.

b Cette lettre indique les documents à fournir où à établir par les parcs.

ac Les documents marqués *ac* doivent être demandés en spécifiant les calibres auxquels doivent se rapporter ces documents ou les annexes qui les accompagnent.

___

a) DOCUMENTS RELATIFS AUX OUVRAGES.

a Cartes au 1/80000° et au 1/50000° des environs.

* *b* Plan d'ensemble du fort et des locaux.

* *b* Schéma des communications télégraphiques, téléphoniques et acoustiques.

* *b* Carnet de mobilisation.

* *b* Pièces et documents relatifs à la mobilisation.

* *b* Planchettes de tir et cartons d'observation relatifs aux engins contenus dans l'ouvrage.

b) LOIS, DÉCRETS, INSTRUCTIONS D'ORDRE GÉNÉRAL.

a Règlement du 8 mai 1912 sur le service des gardiens de batterie dans les ouvrages de fortification de terre et de côte.

a Règlement du 7 octobre 1909 sur le service de place.

a Règlement du 25 mai 1910 sur le service intérieur des corps de troupe.

a Loi du 10 juillet 1851 et décret du 10 août 1853 sur les servitudes militaires.

a Loi du 22 juin 1854 sur les servitudes autour des magasins à poudre.

c) COMPTABILITÉ, REGISTRES, INVENTAIRES.

a Instruction du 31 mai 1891 sur les écritures concernant les mouvements intérieurs dans les places comptables et la tenue des magasins.

* *b* Registre inventaire (M^le n° 4 et art. 6 de l'Instruction du 31 mai 1891).

b Bordereau annuel d'enregistrement (M^le n° 3 et art. 6 de l'Instruction précitée), ou bien registre-journal (même article).

b Cahier d'inscription des travaux exécutés sous la surveillance du gardien de batterie, conformément à l'article 16 du présent règlement.

* *b* Registre d'ordres et de consignes.

b État des consignes générales et des consignes locales qui doivent être affichées en temps de guerre dans les divers locaux. (Cet état doit indiquer où sont déposées les consignes en temps de paix.)

* Catalogue des documents composant les archives.

d) MANOEUVRES ET TIRS.

ac Collection de tables pratiques de tir.

a Règlement du 21 octobre 1905 sur le service des bouches à feu (matériel de S. et P.)

a Instruction sur le tir du 2 mars 1910.

ac Règlements concernant le service des différentes bouches à feu commises à la garde du gardien de batterie.

a Instruction sur le service de l'observation et des transmissions, du 18 novembre 1911.

a Règlement du 31 juillet 1908 sur les manœuvres de force.

a Instruction du 30 juin 1911 sur l'organisation et la construction des batteries de siège.

a Instruction sur le service du chemin de fer à voie de 0^m,60.

a Instruction du 22 septembre 1911 sur les mesures à prendre dans les places pour l'entretien et la réparation des tourelles, casemates et affûts-trucs.

e) SERVICE DES MUNITIONS.

a Instruction du 2 octobre 1908 concernant

la conservation des poudres, munitions, artifices et explosifs [1].

a Instruction du 21 février 1884 sur l'emploi
du vase argenté.

ac Instruction du 23 mai 1896 sur le chargement et sur le déchargement des projectiles
chargés en poudre noire.

ac Instruction du 30 août 1897 sur l'amorçage des obus explosifs.

ac Instruction du 12 mars 1898 sur l'encaissage des gargousses.

(Les trois instructions qui précèdent doivent
être accompagnées des annexes concernant les
projectiles et gargousses qui font partie de
l'armement des ouvrages.)

ac Instruction du 6 juillet 1911 sur la confection et sur la démolition des gargousses,
cartouches et douilles chargées (extraits).

a Instruction du 30 juin 1897 sur l'engerbement des divers récipients renfermant des
poudres, munitions, artifices et explosifs.

a Instruction du 27 janvier 1898 sur l'encaissage des poudres.

a Manuel à l'usage des sous-officiers chargés
des manipulations des munitions et artifices
dans l'artillerie à pied.

f) QUESTIONS DIVERSES
(COMMUNICATIONS ÉLECTRIQUES, ETC.).

a Instruction du 19 septembre 1911 relative
au matériel microtéléphonique de siège et
place M^{le} 1909.

---

[1] B. O. E. M., vol. 12.

a Instruction du 29 juin 1907 sur l'installation des communications électriques dans le service de la télégraphie militaire (2ᵉ partie, communications électriques fixes).

II. — Composition des archives des gardiens de batterie de côte.

———

1° ARCHIVES DES BATTERIES [1].

a) DOCUMENTS RELATIFS AUX OUVRAGES.

[1] Carte au 1/80000ᵉ des environs (collée sur toile).
* *b* Carnet de mobilisation.
* *b* Pièces et documents relatifs à la mobilisation.
b Carnet des altitudes.

b) LOIS, DÉCRETS, INSTRUCTIONS D'ORDRE GÉNÉRAL.

a Règlement du 8 mai 1912 sur le service des gardiens de batterie dans les ouvrages de fortification de terre et de côte.

---

(1) On entend par batterie un groupe de canons de même calibre tirant dans le même champ de tir, sous un seul commandement.

Lorsque plusieurs batteries sont réunies dans le même ouvrage il n'y aura lieu de constituer qu'une collection d'archives.

Toutefois, le carnet des altitudes et les règlements d'artillerie seront établis ou demandés à raison de un par batterie.

a Règlement du 7 octobre 1909 sur le service de place.

a Règlement du 25 mai 1910 sur le service intérieur des corps de troupes.

a Loi du 10 juillet 1851 et décret du 10 août 1853 sur les servitudes militaires.

a Loi du 22 juin 1854 sur les servitudes autour des magasins à poudre.

c) COMPTABILITÉ, REGISTRES, INVENTAIRES.

a Instruction du 31 mai 1891 sur les écritures concernant les mouvements intérieurs dans les places comptables et la tenue des magasins [1].

* *b* Registre inventaire (M^{le} n° 4 et article 6 de l'instruction du 31 mai 1891).

b Bordereau annuel d'enregistrement (M^{le} n° 3 et art. 6 de l'instruction précitée), ou bien registre journal (même article).

b Cahier d'inscription des travaux exécutés sous la surveillance du gardien de batterie, conformément à l'article 16 du présent règlement.

* *b* Registre d'ordres et de consignes.

b État des consignes générales et des consignes locales qui doivent être affichées en temps de guerre dans les divers locaux. (Cet état doit indiquer où sont déposées les consignes en temps de paix.)

* *b* Catalogue des documents composant les archives.

---

(1) B. O. E. M., vol. 12.

d) MANOEUVRES ET TIRS.

Règlement d'artillerie de côte.

ac Première partie. — Titre Ier (fascicule concernant le calibre qui arme la batterie).

a Première partie. — Titres II, III et IV.

a Deuxième partie (quand elle aura paru).

a Troisième partie. — Titres parus, sauf le titre VII.

a Règlements sur les manœuvres de force (S et P et côte).

ac Tables de tir (guerre et exercice) des bouches à feu constituant la dotation de l'ouvrage.

e) SERVICE DES MUNITIONS.

a Instruction du 2 octobre 1908 concernant la conservation des poudres, munitions, artifices et explosifs [1].

a Instruction du 21 février 1884 sur l'emploi du vase argenté.

ac Instruction du 23 mai 1896 sur le chargement et sur le déchargement des projectiles chargés en poudre noire.

ac Instruction du 30 août 1897 sur l'amorçage des obus explosifs.

ac Instruction du 12 mars 1898 sur l'encaissage des gargousses.

(Les trois instructions qui précèdent doivent être accompagnées des annexes concernant les

---

[1] B. O. E. M., vol. 12.

projectiles et gargousses qui font partie de l'armement des ouvrages.)

a Instruction G du 22 février 1907 sur la confection et l'encaissage des gargousses en poudre B pour mortiers M de 30 (en ce qui concerne l'encaissage seulement, et pour les batteries armées de ce matériel).

a Instruction du 6 juillet 1911 sur la confection et sur la démolition des gargousses, cartouches et douilles chargées (extraits).

a Instruction du 30 juin 1897 sur l'engerbement des divers récipients renfermant des poudres, munitions, artifices ou explosifs.

a Instruction du 27 janvier 1898 sur l'encaissage des poudres.

a Manuel à l'usage des sous-officiers chargés des manipulations des munitions et artifices dans l'artillerie à pied.

f) QUESTIONS DIVERSES (COMMUNICATIONS ÉLECTRIQUES, RECONNAISSANCE DES NAVIRES, ETC.).

b Schéma des communications électriques de la batterie.

* *a* Carnet de dépêches de départ.

* *a* Carnet de dépêches d'arrivée et de transit.

a Instructions nautiques (volume concernant la côte où se trouve l'ouvrage).

2° ARCHIVES DES COMMANDANTS
DE GROUPE.

(Conservées par le gardien de la batterie la plus voisine
du poste du commandant de groupe.)

* *a* Carte au 1/80000° des environs (collée
sur toile).
* *b* Carnet de mobilisation du groupe.
* *a* Atlas des batteries de côte (atlas local
partiel affecté au groupe).
b Carnet des altitudes.
* *a* Carnet de dépêches au départ.
* *a* Carnet de dépêches d'arrivée et de transit.

Règlement d'artillerie de côte.

a Première partie. — Titres II, III et IV.
a Troisième partie. — Titres parus, sauf le
titre VII.
* *a* Instruction du 25 août 1909 sur la reconnaissance des navires par les postes du
littoral français.
a Recueil des feuillets signalétiques.

3° ARCHIVES DES COMMANDANTS
DE SECTEUR.

Ces archives ne sont constituées que si le
poste du commandant de secteur n'est confondu
ni avec le poste du commandant de l'artillerie
du front de mer, ni avec un poste de commandant de groupe.
Elles sont conservées par le gardien de la

batterie la plus voisine du poste de commandant de secteur.

Elles ont la même composition que les archives d'un commandant de groupe, sauf les titres II, III et IV de la première partie du règlement d'artillerie de côte. L'atlas des batteries de côte est l'atlas local partiel affecté au secteur.

4° ARCHIVES DU COMMANDANT DE L'ARTILLERIE DU FRONT DE MER.

Ces archives ont la même composition que celles d'un commandant de groupe, plus les deux documents suivants :

a Règlement du 18 septembre 1904 sur la surveillance et la défense des côtes.

a Instruction du 27 décembre 1904 pour l'application dudit règlement.

L'atlas des batteries de côte est l'atlas local complet affecté à la place.

Elles sont conservées par le gardien de la batterie la plus voisine du poste du commandant du front de mer, à l'exception de l'atlas des batteries de côte, qui reste, en temps de paix, entre les mains du commandant du parc ou du parc annexe d'artillerie et qui sera remis au commandant de l'artillerie du front de mer à la mobilisation.

ANNEXE N° II.

PROGRAMME

des cours pratiques d'instruction à organiser dans les parcs d'artillerie du littoral pour les gardiens de batterie de côte.

I. — Bouches à feu, affûts, plates-formes.

Nomenclature, manœuvre et entretien du matériel entrant dans la composition de l'armement des batteries de côte.

Démontage et remontage des divers organes (culasses, systèmes de pointage, freins hydrauliques, etc.), graissage, nettoyage.

Engins et agrès servant aux mouvements de matériel, monte-charges, voies Decauville.

Menues réparations.

II. — Instruments et appareils.

Description, emploi et entretien des appareils de pointage, des appareils télémétriques, des diverses réglettes employées dans le tir de côte, des planchettes de tir de côte, des tableaux indicateurs, des longues-vues et jumelles en service.

Définition et emploi des repères fixes et des repères de flottaison. Signaux de l'artillerie : description des dispositifs et artifices en usage, leur emploi.

Emploi des feuillets signalétiques.

III. — **Munitions, artifices.**

Poudres employées dans les canons de côte; service dans les magasins à poudre, précautions à prendre, éclairage, aérage.

Caisses à poudre et à munitions des différents modèles.

Encaissage des poudres, marques apposées.

Engerbement des caisses.

Visite des paratonnerres.

Gargousses employées dans les canons de côte.

Conservation des sachets vides.

Conservation des gargousses confectionnées. Marques apposées.

Emmagasinement des gargousses confectionnées dans les batteries de côte.

Projectiles de l'artillerie de côte, marques distinctives.

Empilage des projectiles.

Emmagasinement des obus à mélinite dans les batteries de côte.

Expéditions de projectiles; dispositifs à employer.

Soins et précautions à prendre dans le chargement et le déchargement des munitions.

Organisation des ateliers de chargement en emps de guerre.

Amorçage des obus explosifs.

Organisation du service du ravitaillement dans les batteries de côte.

Fusées, étoupilles, détonateurs, artifices éclairants. — Entretien, conservation, marques apposées.

IV. — Appareils télégraphiques et téléphoniques.

Description et entretien des appareils télégraphiques et téléphoniques employés dans les batteries de côte.

ANNEXE N° III.

RAPPEL

des articles 8 à 16 du règlement du 20 décembre 1861 sur le service des caserniers.

ART. 8.

Les caserniers sont sous les ordres immédiats des Chefs du génie. Ils rendent compte néanmoins aux sous-intendants militaires de tout ce qui survient dans la distribution des logements, ainsi que de tout ce qui est relatif à la conservation des objets de casernement placés dans les attributions du service de l'intendance et déposés dans les casernes.

ART. 9.

Les caserniers sont dépositaires de toutes les clefs des chambres et des parties de bâtiments non occupés; ils sont responsables de la conservation du mobilier déposé dans ces locaux.

Les clefs sont placées en ordre chez les caserniers, dans un clavier numéroté, sous une porte treillagée fermant à clef.

Il est expressément défendu aux caserniers de délivrer des clefs sans ordre écrit du Chef du génie ou du sous-intendant militaire.

ART. 10.

Il est interdit aux caserniers de donner entrée, dans les établissements dont ils ont la garde, aux personnes étrangères au service militaire; ils exécutent à ce sujet les consignes que leur donnent soit les commandants d'armes, comme chargés de la police militaire des casernes occupées par la troupe, soit les Chefs du génie, soit les sous-intendants militaires, chacun en ce qui le concerne.

ART. 11.

Les caserniers, aidés au besoin par des manœuvres, doivent entretenir la propreté, tant à l'intérieur des établissements ou des bâtiments non occupés qu'à leurs abords. Les ustensiles nécessaires à ces soins leur sont fournis sur les fonds du service du génie.

Les caserniers sont tenus, en outre, d'ouvrir et de fermer les fenêtres pour le renouvellement de l'air dans les locaux dont ils ont les clefs.

ART. 12.

Les caserniers visitent, au moins une fois par jour, tous les locaux occupés, et, une fois par semaine, tous les locaux ou bâtiments inoccupés. Ils rendent compte sur-le-champ des dégradations qu'ils découvrent au Chef du génie ou au sous-intendant militaire, selon que ces dégradations concernent des objets placés dans les attributions de l'un ou de l'autre. En outre, lorsqu'il s'agit de locaux occupés par les troupes, ils en préviennent les officiers chargés du casernement.

ART. 13.

En cas de vols, de dégradations ou d'autres délits commis par des particuliers, les caserniers en font immédiatement un rapport au Chef du génie. Ils en informent également le sous-intendant militaire, en ce qui concerne le mobilier dépendant du service administratif.

ART. 14.

Dans les places où ne résident ni officiers ni adjoints du génie [1], les caserniers adressent chaque semaine, et plus souvent si cela est jugé nécessaire, un rapport au Chef du génie, faisant connaître les faits relatifs à la surveillance dont ils sont chargés, survenus depuis l'envoi du dernier rapport. A la fin de chaque mois, ils fournissent un rapport semblable au sous-intendant militaire, si ce fonctionnaire ne réside pas dans la place, mais seulement en ce qui concerne le service de l'intendance.

---

(1) Actuellement, officiers d'administration du service du génie.

ART. 15.

Il est interdit aux caserniers de vendre à boire ou à manger et de se livrer à tout autre commerce.

ART. 16.

Les caserniers doivent reconnaître pour supérieurs :

1° Le commandant d'armes et tous les officiers proprement dits, quel que soit leur grade ou le corps auquel ils appartiennent;

2° Les intendants, les sous-intendants et les adjoints au corps de l'intendance militaire;

3° Les adjoints du génie [1].

Ils doivent le salut aux personnes ci-dessus désignées.

---

(1) Actuellement : officiers d'administration du service du génie.

9 782013 394994